UN VOYAGE

AU

MONT PILAT

EN FOREZ

BORDEAUX

IMPRIMERIE DE J. DELMAS

RUE SAINTE-CATHERINE, 139

—

1866

Cette lettre, écrite dans l'abandon de l'amitié, n'était pas destinée à voir le jour. Quelques compatriotes, à qui elle a été communiquée, nous ont demandé de la livrer à l'impression. Nous avons cru pouvoir nous rendre à ce désir; mais nous ferons observer que ces pages datent, en partie, de fort loin; ce qui explique les nuances juvéniles de quelques descriptions. Du reste, tout est bien changé depuis nos premières excursions au mont Pilat. Celui qui traverserait aujourd'hui les mêmes lieux aurait peine à reconnaître le parcours du Bessat à Lavalla, tel que nous l'avons dépeint. Les sources du Gier et du Riotet semblent, dit-on, avoir été déplacées. Les routes départementales, les chemins vicinaux ont enlevé au pays sa physionomie. Les sapins et les hêtres séculaires ont disparu. Le Pilat des anciens jours n'est plus qu'un souvenir, depuis que des mains de M. le marquis de Mondragon il est tombé dans celles d'un si grand nombre de propriétaires. Il n'en est pas moins une des curiosités que les touristes se plairont à visiter.

A MONSIEUR

LE VICOMTE HIPPOLYTE DE SAINT-TRIVIER

A BOURG-ARGENTAL

Bordeaux, le 15 mars 1866.

Mon cher Vicomte et excellent Ami,

Bien des fois vous m'avez engagé à retracer par écrit notre dernier pèlerinage au mont Pilat. Nous avions souvent fait cette course dans notre enfance; mais tant de choses depuis plus d'un demi-siècle avaient passé sous nos yeux, que ces premiers souvenirs, recueillis sur des feuilles volantes, étaient chaque jour exposés à se perdre. Je vais donc vous satisfaire en vous disant mes impressions de 1842, qui furent aussi les vôtres.

Hélas! de la nombreuse caravane nous ne sommes que trois survivants : MM. Martial et de La Tour, mes grands-vicaires, sont morts, le premier, évêque de Saint-Brieuc, et le second à Paris; les abbés Auguste, de Montgolfier;

Gabriel, principal du collége de Saint-Chamond; Brunon, de Rochetaillée; de Lupé, missionnaire, leur ont peu survécu; MM. Mathon de Fogère et Abel de Sablon, successivement maires de Bourg-Argental et membres du Conseil général; M. Nayme des Orioles et M. le comte de Loriol viennent de nous être enlevés : *hodiè tibi, cràs mihi*.

Les anciens du pays, qui nous prédisaient, la veille, une journée de brouillard ou de pluie, s'étaient trompés. La matinée fraîche annonçait un beau soleil. Nous pûmes donc, par une des plus agréables journées de juin, porter une dernière carte de visite au géant de nos contrées; nous le vîmes, comme jadis, alimenter de nombreuses rivières, qui portent le tribut de leurs eaux, les unes à l'Océan, les autres à la Méditerranée.

Logelière, les Chabert-Montchovet, le Banchet, furent bientôt dépassés; nous voilà sur les bords du torrent qui se précipite dans la Diaume, au-dessous du pont du Roi, après avoir fourni ses eaux aux nombreuses fabriques de Saint-Julien-Molin-Molette. Nous recrutâmes à la Condamine M. Gabriel de Monternau, l'abbé du Treuil, curé de Saint-Chamond, Aubin Donzel, Victor Chaspoul, et MM. les abbés Tourvieille et Deglesne, du collége d'Annonay.

Hélas! on avait démoli la vieille tour du château de Saint-Julien, un des manoirs de vos ancêtres; un presbytère aux murs blancs avait remplacé les vieux salons où nous recevions jadis un accueil si cordial des vénérables prêtres dont il était devenu l'habitation depuis 1802.

Nous devions déjeuner au Bessat et gravir tout d'abord les sentiers montueux du pic de Lusinas et de Gray; nos chevaux *suaient, soufflaient, étaient rendus*. Nous n'avions aucun motif de les presser. Pourquoi traverser au vol les sites qu'on aime? A l'extrémité des maisons clair-semées du Bessat, se dresse une colonne surmontée d'une statue sans nom, semblable à quelques-unes de celles que je vous ai fait voir dans le parc de la maison de campagne des archevêques de Bordeaux. Les stylites de pierre, de marbre ou de bronze, font toujours bon effet : l'air qui les enveloppe semble leur rendre la vie. Vous ne reconnaîtriez plus le fameux *Barbaro* qui, dans l'église du pays natal, nous faisait tant de peur, depuis qu'il a pris place dans mon *campo santo,* à côté des vieux primats d'Aquitaine. Le soubassement de la colonne du Bessat porte une inscription illisible, rappelant, dit-on, que, sous le règne de Charles IX, les habitants de Saint-Chamond taillèrent en pièces l'armée huguenote du baron des Adrets, qui se dirigeait du côté de Bourg-Argental et d'Annonay. Cette dernière ville appartenait déjà aux camisards des Cévennes; la première fut sauvée, d'après une pieuse légende, par la sainte Vierge, qui, sous les traits de la fileuse de Cotaviol, ferma, à l'aide de son fuseau, la porte à l'ennemi. Une autre inscription de la colonne du Bessat rappelle que, sous Henri IV, les débordements de l'Argental furent arrêtés par de solides travaux. Ce serait le cas de féliciter ce filet d'eau, où les truites abondent, du nom que lui ont valu quelques paillettes d'argent dont il aurait gratifié le pays dans des jours où ce métal était rare. Si Pline n'a pas été démenti quand il a parlé de l'or qu'on trouvait en abondance dans les eaux du Tage, de l'Èbre, et surtout dans celles du Pactole, pourquoi voudrions-nous enlever ce privilége à la France? J'ai rencontré dans mes jeunes années des hommes graves qui avaient vu le Rhône charrier un peu d'or. Qui pourrait affirmer que cet or ne venait pas de l'Argental ou du Gier? Deux riches propriétaires de Chanson et de Tain m'ont dit avoir assisté, en 1787, à une pêche de ce genre, où des riverains démêlèrent dans le sable des paillettes qui se trahissaient par leur éclat. M. du Choul, grand propriétaire dans les environs de Condrieu, avait signalé cette découverte longtemps avant eux (1555) (1).

Mais revenons à notre colonne. Les années ont rendu tout à fait méconnaissables les traits d'un personnage gravé sur la face antérieure du socle. Quoi qu'il en soit, ce petit monument faisait bien dans la perspective. Une partie considérable aurait été emportée au Grand-Bois, où M. Ducreux lui a donné un siége d'honneur au milieu des pierres bizarres qu'il a réunies à Sainte-Agnès avec beaucoup d'intelligence.

Au-dessus de la colonne, c'est-à-dire presque sur le sommet de ce premier mamelon, on a devant soi tout un panorama de montagnes lointaines, détachées les unes des autres par cette vapeur bleuâtre qui monte des vallées de Thélis-Lacombe, de Rhutiange et de Saint-Sau-

---

(1) In Rhodano inventum vidimus aurum. Viri ad dimidias usque nates aquâ teguntur, manuque apprehendunt arenas, in quibus si fuerit aurum, statim refulget.

(*De Monte Pilati*, Joan. du Choul.)

veur. Il y a là le motif d'une belle décoration ou d'une gracieuse aquarelle.

Assis sur un banc de verdure, nous devisions sur les événements dont les ruines des châteaux d'Argental et de Montchal, que nous avions à nos pieds, nous rappelaient le souvenir. Il nous semblait voir des pèlerins illustres, de grands seigneurs, de puissantes châtelaines, accourir de toutes les parties du Forez, du Vivarais et du Velay, auprès d'un suzerain dont la magnificence était proverbiale. Sur des murs crénelés et sur le fort qui protégeait l'entrée de l'enceinte semblait flotter, auprès de l'étendard des Artaud d'Argental, la bannière du riche Prieur, sur laquelle étincelaient les armures des guerriers chargés de défendre le vieux manoir et la chapelle dite *Miraculeuse,* encore ouverte à la piété des fidèles.

Le château de Montchal, ses cheminées sveltes et élancées comme les clochetons de Chambord et de Chenonceaux, les pignons qui projetaient sur Béchétoile et Beaubigneux leurs silhouettes élégantes et variées, apparaissaient à notre imagination, encore pavoisés de guirlandes et de draperies aux vives couleurs.

Que de conspirations avaient été ourdies ! que de cris de guerre avaient retenti sur ces deux rochers, jusqu'au moment où le cardinal de Richelieu mit fin à tous les conflits, à toutes les révoltes qui signalèrent cette époque de notre histoire ! Le seigneur d'Argental, dont le dernier rejeton fut un des enfants gâtés de Voltaire, avait saccagé deux fois les abbayes de Clavard et de la Chaise-Dieu, dévasté les domaines des sires de Maclas, de

Gourdan, de Satillieu et de Vanosc; mais, en revanche, le châtelain de Montchal retiré, après sa disgrâce, dans la ville d'Annonay, avait donné aux églises de Bourges, de Toulouse et de Vienne trois pontifes dont le souvenir a été longtemps en bénédiction dans ces archi-diocèses. Le second surtout a mérité la reconnaissance de ses compatriotes, par la générosité avec laquelle il a soutenu et enrichi le célèbre collége d'Autun, fondé par le cardinal Bertrand, évêque de ce diocèse, dans un des vieux quartiers de la capitale qu'il avait habité, et qui a porté son nom jusqu'en 1793.

La ville d'Annonay, celle du Puy et plusieurs autres y avaient droit à des bourses entières; l'établissement prenait à sa charge les frais de voyage et d'entretien. J'ai connu, dans ma jeunesse, les derniers enfants d'Annonay et de Bourg-Argental qui ont profité de ce bienfait; c'étaient MM. Abrial, ancien pair de France, le colonel Chapuis, le savant Malleval et l'abbé Duret, de si douce mémoire, ainsi que MM. Mathon de l'Estrat, Pupil d'Ailler, Fraysse, mort directeur des domaines à Lyon.

Vous vous rappelez, mon cher Vicomte, que nous fûmes arrachés à ces rêveries et à ces appréciations des temps anciens par l'arrivée de nos chevaux, que nous aurions volontiers laissés plus longtemps reposer. Il fallut donc cheminer, mais très-agréablement; une brise assez forte tempérait les rayons d'un gai soleil de juin.

Toute la portion du pays que nous avions à parcourir est assez ouverte pour former de larges horizons. Les montagnes ont cela de beau qu'elles semblent mêler à la terre l'azur du ciel et ajouter un charme nouveau aux objets qui nous entourent.

On apercevait à droite Tarentaise, Planfoy, Sainte-Agnès, le Grand-Bois, et au delà, noyés de vapeurs bleuâtres, Saint-Genest-Malifaux, Marlhes, Jonzieux et Saint-Régis du Coin, où Mgr d'Aviau avait été si pieusement et si noblement reçu en 1795, manoir encore habité par une famille investie de la considération universelle. A gauche, les montagnes du Vivarais, depuis Vanosc jusqu'à la Louvesc, Satillieu, la Mastre et Saint-Félicien, le mont Miandon, l'ancien couvent des Célestins, près de Saint-Cyr; les châteaux de Gourdan, de la Rivoire, de la Faurie, du Plantier, de Beausemblant et de Saint-Vallier; la tour de Saint-Romain d'Albon, les coteaux de l'Hermitage, dessinaient dans l'air de molles ondulations qui faisaient, pour rappeler le mot heureux d'un élégant écrivain, songer aux courbures de l'échine des sphinx nonchalamment allongés sur leurs piédestaux. La lumière se jouait à leurs cimes avec de petits nuages qui s'envolaient par flocons, comme des plumes jetées dans les airs. Sur les bords de la route, ombragée de hêtres magnifiques, s'étalaient en pentes douces des prairies qui semblaient disparaître sous une profusion de fleurs les plus variées. Leur odeur balsamique nous arrivait avec des bouffées de brise fort agréables. Le hêtre de nos montagnes n'est autre que le *fagus silvestris* de Linnée. Aussi n'est-il connu chez nous que sous le nom de *fayar*. Parfois, des vaches effrayées se détournaient brusquement de la route et montaient dans les ravins, agitant leurs clochettes sur un rhythme précipité. Des chars passaient, traînés par des bœufs dont la pesanteur rappelait celle de leurs devanciers qui promenaient jadis nos monarques dans les rues de leur capitale. A côté de nous, des sources limpides jasaient à mi-voix, produisant des cascatelles, pour retomber dans de petits canaux qui les conduisaient à quelque but utile. Parmi des touffes de grands arbres au vigoureux feuillage, de loin en loin, des maisonnettes couvertes de chaume se laissaient entrevoir, si tranquilles, que l'imagination y logeait quelque plan de romanesque félicité. Je vous donne, mon cher ami, mes phrases de jeunesse telles que je les retrouve; elles me rappellent les descriptions un peu échevelées que nous élaborions sous les inspirations poétiques de M. Grandperret.

Le Furens, qui a si souvent porté la désolation dans la ville de Saint-Étienne, dont il est cependant la richesse pour la confection des armes de tout genre, courait devant nous, tantôt entre les sapins, tantôt entre les grosses pierres, animant le paysage de ses eaux turbulentes, et formant de petits îlots temporaires par ses courants qui se déplacent sans cesse.

Après quelques moments de halte nécessaires à nos chevaux, et dont nous profitâmes pour la récitation du bréviaire, la cavalcade reprit sa marche. Vous n'avez pas oublié que vous opinâtes un moment pour qu'on prît la route qui va directement à la Grange de Pilat : la majorité décida qu'on s'enfoncerait dans une espèce d'entonnoir qu'on nomme la gorge de Lavalla. C'est un corridor formé par deux murailles de montagnes qui se rapprochent ou s'éloignent plus ou moins, mais en enserrant toujours la vallée d'assez près. La muraille de gauche, en remontant le cours du Gier, est adossée à la forêt de Saint-Just-en-Doizieux et aux premières assises de la chaîne de Touroupane, qui vont se rejoindre à l'aiguille de la Ribière. La muraille de droite se dresse comme un rempart crénelé, et sépare la gorge de Lavalla de celle de Doizieux.

C'est entre ce défilé, véritables Thermopyles, que nous rencontrâmes la Doyse, entrant dans le Gier avec un fracas semblable à celui produit par l'Arc, qu'on croit toujours avoir dans les oreilles quand on l'a entendu bouillonner au pied du mont Cenis pour de là se précipiter dans l'Isère.

On nous montra, tout près de la Doyse, le palais enchanté des fées, dont les ruines portent aujourd'hui le nom de *Basilique*. Ce mot de *basilique*, je l'ai trouvé textuellement dans un vieux manuscrit qui avait appartenu aux Jésuites de Tournon : « Exstat hodiè fatalium domus vetustissima. Tantarum ædium sumptuosissimam excellentiam demonstrat satis quæ superest luctuosa ruina. Nocturni lemures *basilicam* illam, ut aiunt, diutiùs frequentàrunt. »

Le temps ne nous permit pas d'aller jusqu'à Agenolière, monticule où l'on croit voir pousser des pierres, à la place des charmes, des yeuses et des chênes que M. du Choul y avait rencontrés en 1555, comme l'atteste son livre *De variâ quercûs historiâ, et Pilati montis descriptio*. On a donné une traduction de cet ouvrage, devenu fort rare. Vous le trouverez à la bibliothèque de Lyon. C'est là qu'en 1819, je pus en faire quelques extraits.

Je ne vous dirai rien du puits de Pilate, qui est encore le plus grand épouvantail pour les habitants de la contrée. M. du Choul en parle en ces termes : « In gremio rupis jacet palus quam Pilati puteum vulgus nuncupat. De hoc multa et varia incolæ prædicant, Pilati monumentum arbitrantes : et ab eo horridam tempestatem primum inchoare referunt. »

Le même auteur, dont j'avais retenu quelques phrases, nous donna l'envie d'aller jusqu'à un village habité uniquement par des charbonniers, et qui porte encore un nom terrible ; écoutez : « Formidabilis suo verbo prominet pagus quem *Tartaras* hodiè incolæ vocant, nec immeritò. » Le temps ne nous permit pas d'arriver jusque-là.

Au hameau de la Grange de Bote, voisin du *Crêt de la Perdrix,* composé de quelques chaumières dressées au bas de la montagne, et qui ne semblent pas tenir plus de place que ces chalets microscopiques enfermés dans de petites boîtes de sapin, deux ou trois paysans s'avancèrent pour nous demander si nous ne voulions pas visiter la grotte de J.-J. Rousseau. Lorsqu'ils nous eurent prévenus qu'elle était à une hauteur prodigieuse, nous ne nous laissâmes pas aller à cette fantaisie, car nous désirions arriver à Lavalla avant la fin du jour ; et cette descente, assez pénible d'ailleurs, commencée à travers les broussailles, et continuée, dans une de ses parties, par un semblant d'escalier, exige plus d'une heure. La vallée est très-profonde et va toujours se rétrécissant.

Un peu plus loin, des pétrifications figurent d'une façon très-régulière, dans l'immense muraille de la montagne, le chambranle et les vantaux d'une porte qui s'ouvrirait sur l'abîme. On dirait l'œuvre de la main humaine; et ce porche, qui n'existe que dans l'imagination, fait involontairement penser au château aérien de quelque famille de Titans ou de Cyclopes. Ce fantôme d'architecture n'est pas le seul, et plusieurs arrangements fortuits d'énormes rochers semblent dus à une volonté mystérieuse plus intelligente que le hasard.

Quelle merveilleuse variété de tons sur ces larges pans de terre redressés par les soulèvements géologiques, ou mis à nu par les affaissements des vallées et le passage des eaux ! Toutes les teintes s'y trouvent, tantôt fondues, tantôt brusquement heurtées.

Vous n'avez pas oublié qu'entre la route et les montagnes, l'espace n'est pas tellement resserré qu'il n'y ait place pour de charmants vergers et de verdoyantes cultures, que traversent de limpides eaux courantes. Le soleil émaillait d'un rayon pareil à l'or l'herbe veloutée de ces prairies, que moiraient les ombres allongées des noyers. Des maisonnettes au soubassement crépi de chaux, au toit projeté en avant, aux escaliers extérieurs grossièrement découpés, faisaient, suivant la remarque de l'abbé Montgolfier, d'admirables taches dans le paysage.

Nous approchions du Saut du Gier. Sa cascade, qui tarit ou diminue beaucoup en été, se trouvait alimentée, en ce moment, d'une eau assez abondante pour que l'effet pittoresque en fût complet. Des plateaux supérieurs de la montagne, entre le tumulte de grosses roches d'un gris violacé, la cascade semblait de loin un filon d'argent incrusté dans la pierre.

Un effet d'une beauté fantastique nous attendait à

quelque distance de là : un reste de fort gothique se dressait comme un *burg* colossal. Ainsi que dans les nuages, on voit dans les montagnes à peu près ce qu'on veut. Notre imagination trouvait dès lors à s'exercer. Le soleil éclairait en plein les escarpements des murailles, le dôme et les tours de la chartreuse de Sainte-Croix. Tout cela était net comme le dessin d'un paysagiste, lorsqu'il représente quelque château fortifié du moyen âge. La dimension seule de ce monument imaginaire pouvait avertir qu'on n'avait pas devant les yeux un ouvrage de main humaine. Les plus fiers donjons n'eussent pas atteint la première assise. Une belle teinte d'un blanc doré revêtait notre fantastique édifice, dont le couronnement se découpait sur un grand losange couleur d'azur. Bientôt quelques nuages, arrivant par le revers du Grand-Bois, en débordèrent la crête et s'arrondirent en boules blanches sur la ligne des remparts formés par notre imagination, et au front des tours, comme la fumée de nombreuses batteries de canon. Il semblait que la prétendue forteresse se défendît contre l'attaque d'une armée invisible, et nous songions, en contemplant ce spectacle imprévu, à ces fourmilières de chevaliers qu'un dessinateur, dans ses vignettes, lance à l'assaut de quelque *burg* inaccessible, et dont les blessés roulent au fond de l'abîme pêle-mêle avec leurs chevaux.

Un détour de la route, en changeant la perspective, fit évanouir cette vision féerique, et la montagne reprit son aspect de sauvage irrégularité.

Au débouché de la vallée d'Izieux, nous éprouvâmes un éblouissement d'admiration ; le mont Pilat se découvrit soudain à nos regards si splendidement magnifique, si en dehors des formes et des couleurs terrestres, qu'il nous sembla qu'on ouvrait devant nous à deux battants les portes du rêve. On eût dit un énorme fragment de la lune tombé du haut du ciel. L'éclat de la neige aurait pâli. C'était le blanc idéal, le blanc de lumière qui illumina le Christ sur le Thabor. Vous vous rappelez que cette comparaison venait de l'abbé Gabriel, mort si peu de temps après, non loin des lieux où nous nous trouvions (Saint-Paul-en-Jarret). D'autres nuages montaient et descendaient, semblables aux anges de l'échelle de Jacob, à travers des ruissellements de clartés, et paraissaient, avec l'envergure de leurs ailes, s'élancer vers l'infini. Quelquefois, par une espèce de déchirure, le vieux Pilat, se montrant à son balcon, comme un grand suzerain, saluait ses vassaux d'une façon majestueuse. Il daignait se laisser voir quelques minutes, puis il disparaissait lentement. Ce mélange de nuages et de grands arbres, ces blocs argentés, ces vagues de lumière, voudraient, pour être dépeints avec vérité, des mots qui manquent à la langue humaine. Jamais plus radieux spectacle ne se déploya à nos yeux, et je crois encore vous entendre, mon cher ami, proclamer que nous éprouvions, à ce moment, la sensation complète du beau, du grand, du sublime. Les montagnes, comme les poëtes, ont leurs jours d'inspiration, et, ce soir-là, le mont Pilat était en verve.

Nous n'avions plus que quelques pas à faire pour arriver à Lavalla, qui est la bourgade principale du pays. L'église, neuve, à trois nefs, surmontée d'un clocher plus svelte que ceux qu'on rencontre dans le Forez, se dresse au milieu du bourg, dont le presbytère est le principal édifice, dû, comme l'église, au zèle intelligent et persévérant du curé Bedouin. J'acceptai, avec MM. Martial et de La Tour, l'hospitalité qu'il nous offrit avec une grâce parfaite. Je montai le soir dans la chaire de la nouvelle église pour donner une instruction toute paternelle, suivie de la bénédiction du saint Sacrement. J'annonçai la messe pour le lendemain à trois heures. Le bruit de notre arrivée s'était promptement répandu; aussi pas un des habitants, même des plus éloignés, ne manqua à l'appel. Les deux montagnes semblaient en feu, éclairées qu'elles étaient par les torches de résine que chaque fidèle tenait à la main.

Tous mes compagnons de voyage furent conduits à Saint-Chamond et à Izieux, où plusieurs notables se partagèrent le plaisir de les héberger. Ayant encore une heure de jour, je priai le cher curé de me conduire au berceau de la société des petits Frères de Marie, qui possède deux maisons dans mon diocèse, à Langon et à Saint-Laurent de Médoc. J'avais déjà établi, en 1838, cinq prêtres de cette congrégation à Notre-Dame de Verdelais. Laissez-moi vous rappeler, mon cher ami, ce que probablement vous n'avez pas oublié, que Monsieur votre père et MM. de Pleyné et Colomb de Gast, maires de Bourg-Argental et de Saint-Sauveur, avaient doté ces deux localités des premiers frères sortis des mains du respectable abbé Champagnat, qui, simple vicaire de Lavalla, avait jeté les fondements de cette admirable institution qui a rendu tant de services à l'Église, et dont la maison-mère a été transportée de Lavalla à Saint-Genis-Laval.

Les premières lueurs du jour ramenèrent de Saint-Chamond nos compagnons de voyage. Pendant la nuit, le mont Pilat avait rejeté la draperie nébuleuse qui le cache très-souvent. Pas un flocon de vapeur ne rampait sur ses flancs, et ses arêtes verdoyantes se découpaient en dents de scie sur un fond d'azur d'une pureté admirable. Les stries des coulées et des ravins semblaient les traces d'un ciseau qui aurait attaqué l'énorme masse pour en faire sortir une statue colossale. Sa croupe grandiose révélait ces formes ondulées qui font comprendre que la terre est un astre, notion qu'on oublie facilement dans la plaine défigurée par le travail de l'homme. Quoique le Pilat fût encore à une certaine distance, il semblait qu'on n'avait qu'à étendre la main pour le toucher; on discernait les moindres accidents de terrain, et l'œil marchait, pour ainsi dire, par tous ces petits chemins qui rappellent ceux de Vénasc, du lac d'O et de Super-Bannière. Il y a entre Luchon et notre pays natal des ressemblances que je ne me lassais pas de vous faire admirer.

L'air vif et frais du matin ne pouvait refroidir notre enthousiasme, mais il gelait notre corps, et nous nous arrêtâmes devant un feu de bergers, pour demander les noms de ces pics et de ces aiguilles. Ce sont : l'Aiguille de Pilat, le site ravissant de Virieux, les Trois-Dents, la Croix de Montvieux, le Dôme de la Terrasse, la Chartreuse de Sainte-Croix, le pèlerinage de Val-Fleury. Mais tout cela, du point de vue où nous le considérions, ne forme qu'une immense dentelle aux gracieuses découpures. Nous suivîmes un chemin remontant le cours du Gier, qui bouillonnait dans son lit pierreux avec une fureur joyeuse.

Des noyers et des châtaigniers d'une couleur mélancolique jetaient leur ombre sur la chaussée que côtoyaient des sources vives ou des ruisseaux descendus des hauteurs.

La caravane gravissait lentement, mais sûrement, cette route unie comme une allée de la Lombardière ou de Fayat, malgré sa déclivité. A un détour, où l'espace plus large a permis à quelques chalets de s'implanter, on aperçoit sur le revers opposé du vallon un torrent tributaire du Gier, qui forme, avant de s'y précipiter, plusieurs belles cascades. On traverse une forêt de sapins, et la nouvelle route, qui n'est pas terminée, vous remet sur le tracé de l'ancienne. Il y a, à cet endroit, une petite auberge avec des hangars et des écuries pour les mulets chargés d'outres pleines des vins de Saint-Appolinard, de Lupé, de Bœuf et de Condrieu. Une auge de bois réunissait en groupe pittoresque des quadrupèdes qui nous firent penser au tableau de notre compatriote Mondan, où l'on voit quelques beaux ânes du Dauphiné à l'abreuvoir.

Non loin de l'auberge, la montagne barre la route, mais on la franchit sous un petit tunnel. Au delà, le chemin continue avec des successions de pentes et de montées assez raides, côtoyé et souvent rétréci par les travaux de la nouvelle route de Saint-Chamond à Bourg-Argental. A gauche, la vallée, plus resserrée, se creuse en gorge profonde, d'où montent des rumeurs de torrents et de cascades. Des ruisseaux traversent le chemin sous des tabliers de bois ou des ponts de pierres plates, et partout on est réjoui par un bruit d'eau jaillissante. Rien de plus gai. Seule, dans l'immobile nature, l'eau a le privilége de changer de place, de courir et de parler; on dirait un être animé; elle est la vie du paysage et rompt la monotonie de la route. Que raconte-t-elle aux cailloux, aux herbes et aux fleurs, avec son incessant babil? La chronique des neiges, l'histoire secrète du rocher d'où elle vient, les mystères géologiques des terrains qu'elle a parcourus? On ne sait, mais son langage confus, pour rappeler la pensée et l'expression de l'écrivain déjà appelé en témoignage, n'en est pas moins agréable, et doit amuser la solitude de la montagne.

Nous approchions de Saint-Just-en-Doizieux : les parois de la vallée, s'écartant et se dressant comme des murailles gigantesques, encadraient une belle perspective de gros arbres, dont les racines empiétaient sur le chemin de manière à laisser à peine passage à un cheval.

Au sortir de Saint-Just, on rencontre la rivière qui alimente les nombreuses fabriques de Pélussin, et qui se jette dans le Rhône entre Bœuf et Chavanay ; puis, laissant à droite un hameau, et à gauche le sentier qui mène à Saint-Martin de Coillieux, on s'engage dans un étroit défilé plus pittoresque que commode. Au fond d'un ravin, profond comme celui de la Valserine, près de Nantua, la rivière se précipite avec un grand bruit, fouettant les obstacles de ses lanières blanches, entraînant tout dans le vertige de ses tourbillons. Sur les parois du gouffre se dressent quelques sapins qui semblent s'accrocher à la roche avec leurs racines noueuses, pour ne pas glisser au fond de l'abîme.

Quelquefois, sur le bord de la ravine, de petites constructions se tiennent en équilibre, détournant à leur profit un filet d'eau, qui fait mouvoir une scierie. Ces usines sont d'un effet pittoresque. Au milieu d'un bouleversement qui rappelle le chaos, on pense naturellement à l'esprit industrieux de l'homme.

Près d'un de ces moulins, où la route se rétrécissait d'une façon effrayante, un de nos voyageurs, voyant sa monture effleurer de trop près la crête du précipice, se laisse choir et disparaît quelques secondes à nos yeux. Ce fut un moment d'angoisse inexprimable. Nous le crûmes tombé au fond du ravin; mais il reparut aussitôt, un peu ému, et pourtant souriant; c'était le grand-vicaire de Bordeaux, futur évêque de Saint-Brieuc.

Ce petit incident, qui pouvait devenir un grand malheur, nous servira de transition, mon cher ami, pour dire que le défilé des Trois-Dents, connu dans la contrée sous le nom de *Dents de Gargantua,* facile aux piétons, sûr à dos de mulet, est tout à fait dangereux avec des chevaux étrangers au pays. On s'occupe de la rectification de cette route; mais les travaux mêmes la rendent momentanément plus difficile. Bientôt le chemin s'élargit et devient moins abrupt. Le torrent, n'étant plus aussi gêné par les blocs de rochers, se plaint et murmure, comme un homme de mauvaise humeur, mais il ne pousse plus ces rugissements formidables qui effrayaient et assourdissaient. Les pentes s'abaissent, et l'on arrive à un bois de sapins gigantesques. La montagne des Trois-Dents, qui s'étendait autrefois beaucoup plus loin qu'aujourd'hui, a lancé de toutes parts d'énormes pierres. Elle descend en serpentant, d'un côté, jusqu'à la vallée de Véranne, et de l'autre, jusqu'à celle de Roisey. Son ensemble nous apparaissait, à cette heure, comme une grande coulée de verre de Givors.

Nous sommes enfin sur la dernière voie qui doit aboutir au terme du voyage. A cette hauteur, la montagne s'escarpe, et l'on ne parvient à la gravir que par de nombreux lacets si brusques, que le voyageur en est presque autant fatigué que sa monture ; les chevaux emportent leur cavalier à demi couché sur leur col ; on sent des réactions qui le lendemain se traduisent en courbatures, accompagnées d'incommodes et cuisantes douleurs.

Ces zigzags, semblables au sillon que trace l'éclair dans la nue, se font jour à travers de vieux arbres, laissant pendre leurs racines parmi les plantes et les cailloux. Des tronçons de bois ou de planches soutiennent le terrain aux endroits ravinés ; quelquefois l'eau d'une source extravasée rend le passage boueux et glissant ; mais on ne va pas au sommet du Pilat pour avoir ses aises comme à Latourette ou à Vaux-Renard.

La petite caravane grimpait toujours ; du bas, il y avait plaisir à la voir sur la rampe plus élevée ; ses costumes variés se montraient à travers la colonnade de sapins. Quelquefois le lacet du chemin se brisait à angle si aigu, que le cortége, divisé, formait deux étages, comme ces dessins où l'on veut représenter une longue procession sur un petit espace. Ce n'est pas que le chemin fût effrayant ou dangereux : il ne côtoie pas ces précipices vertigineux dont l'œil aperçoit à peine le fond dans la fumée blanche des torrents; seulement, il escalade le flanc de la montagne par enjambées inégales.

Déjà quelques sorbiers et quelques merisiers se glissaient à travers les sapins avec leur feuillage plus léger et plus délicat; nous allions bientôt atteindre la région que les arbres ne peuvent dépasser; mais des plantes courageuses et vivaces montent plus haut encore. Les rhododendrons sauvages épanouissaient leurs fleurs d'un rose vif, la gentiane ouvrait son étoile bleue, le serpolet embaumait l'air de suaves odeurs, et la timide violette s'y montrait très-abondante. N'étant plus obstruée par les arbres, la vue plane librement, plonge dans les profondeurs des vallées qui se creusent en abîmes, et rencontre en face d'elle les montagnes du Dauphiné et des Alpes, ainsi que les *bannes* ou cornes de Crussol, près de Valence. On peut distinguer avec une longue-vue, comme un fil replié plusieurs fois sur lui-même, le sentier qui monte de la vallée au sommet. On a planté à cette prodigieuse hauteur une croix, souvent foudroyée, et chaque fois relevée avec une admirable persévérance.

On eût dit, à certains endroits (cette pensée est d'un auteur inimitable quand il peint les montagnes), qu'on avançait sur les décombres d'une ville antédiluvienne renversée par le cataclysme, ou sur une carrière à ciel ouvert. Mais peu à peu le chemin, plus battu, s'aplanit; nous nous rapprochions du but; la grange de Pilat commençait à se dessiner, et un dernier détour nous mit brusquement en face de l'auberge où nous devions passer la nuit.

C'est un chalet assis sur un vaste plan très-incliné, qui se prolonge depuis le commencement de l'éclaircie jusqu'au sommet de la montagne. Cet espace immense est couvert, dans sa partie supérieure, de bruyères et de pâturages où l'on voit errer quelques troupeaux ; dans la partie inférieure, se déroule une prairie, au milieu de laquelle bouillonne la source du Gier. Il soufflait à cette heure une brise assez forte qui soulevait l'eau et la vaporisait en fumée lumineuse ; toutes ces gouttelettes, éparses au caprice du vent, se rejoignaient abondantes pour former le torrent écumeux qui trop souvent porte au loin ses ravages.

La grange de Pilat, vous ne l'avez pas oublié, se compose de deux corps de bâtiment en pierre, d'une construction assez solide pour résister à la violence des plus mauvais temps ; l'un est destiné au bétail, l'autre est la maison d'habitation, séparée du premier par une basse-cour ; cette maison se divise en plusieurs pièces, dont l'une sert de cuisine et d'appartement pour les maîtres ; la seconde, de salle à manger pour les voyageurs, et la troisième, de chambre à coucher ; cette dernière se subdivise en six petites cases en bois, adossées au mur ; ce sont les lits ; ils n'ont pour rideaux que des coulisses en planches qui les ferment hermétiquement en hiver.

Je ne pus m'asseoir sans attendrissement à cette table rustique où Mgr d'Aviau de Sanzay, M. Malgontier, curé de Maclas, et mon père, fuyant les proconsuls de l'époque révolutionnaire, avaient été heureux de trouver des provisions envoyées par ma mère à son archevêque et à ses deux compagnons de voyage. Nous rencontrâmes tout ce qui pouvait suffire à des pèlerins cherchant d'autres jouissances que celles de la bonne chère. Le souvenir de l'archevêque de Vienne, de ses épreuves, de ses saillies, de sa douceur, était plus précieux pour nous que celui de Pilate', chassé par les Viennois au moment où ils écoutaient avec enthousiasme la parole de Crescent, leur premier évêque, envoyé par saint Paul lui-même. Là aussi venait se reposer J.-J. Rousseau, quand il herborisait sur la montagne. C'est M. Mathon de La Cour qui l'avait conduit à Pilat. Une petite grotte où il travaillait quelquefois a gardé son nom. Mgr d'Aviau et mon père ayant mieux aimé, en 1795, coucher sur le foin que dans les lits de la salle commune, nous fîmes comme eux, en 1842. Pour le lendemain, le plan d'expédition était de visiter les environs, et surtout la source du Riotet, qui traverse sur une couche de pierres mon jardin ainsi que le vôtre, au pays natal. A peine avions-nous déjeuné, car il était impossible de dire la messe, l'église paroissiale étant à quatorze kilomètres et par des chemins affreux, que tout le monde fut bientôt en selle, et l'on partit joyeusement.

Le pied des hautes montagnes qui forment la chaîne de Pilat, revêtu de forêts et de pâturages, avait des tons d'une intensité et d'une vigueur admirables. Figurez-vous un tapis de velours vert, étendu comme un vaste manteau dont les plis sont marqués par les reflets d'une lumière oblique. Tout ce qui peut résulter des combinaisons des couleurs les plus variées ne saurait rendre cette qualité de vert, que nous appellerions volontiers *vert de montagne*. Dans ce jeu de nuances, les sapins forment l'ombre, et les prairies couvertes de pensées, de violettes et de boutons d'or, donnent à la lumière un éclat nuancé.

Le sentier se dirigeait vers la gauche, et, se glissant entre les pierres et les blocs charriés par les avalanches de l'hiver, s'engageait bientôt dans une forêt dont les éclaircies laissaient voir, dans le lointain, le Gerbier-des-Joncs, où la Loire prend sa source. La montée était assez douce, et les chevaux la gravissaient d'une allure dégagée, comparativement au chemin que nous avions escaladé la veille. Les cavaliers, se suivant à la file, s'élevaient toujours et atteignaient déjà la fontaine de Mondragon. Cette fontaine est d'une eau excellente et coule dans une auge de bois.

A partir de là, le sentier devient escarpé, sans cependant offrir de grandes difficultés; l'air est plus vif; les arbres s'espacent davantage. Ils semblent nous dire : « Maintenant, montez tout seuls, nous ne saurions aller plus haut. » Le plateau arrondi que l'on contourne en tirant vers la droite, n'est pas désolé et dénudé comme on pourrait le croire : il est tapissé d'une herbe assez dure, émaillé de plantes appelées *brimbelles* en Lorraine, et *airelles* en Forez. Vous n'avez pas oublié que nous en faisions notre régal dans nos jeunes années. Cette plante n'est autre que le *vaccinium myrtillum* des Anciens.

De ce plateau, on jouit d'un panorama éblouissant. Entre des rives de pics gigantesques, on aperçoit Lyon, encadré dans le mont Cindre et les coteaux de Calvire, Limonet, Izeron, jusqu'à Montmelas et Broully. La Saône, par sa langueur, ses hésitations, semble demander la permission de mêler ses eaux à celles de son suzerain. Vienne, dont les antiquités se déroulent sous nos yeux, a écrit dans les fastes de son histoire que le désert que nous parcourions dut son nom au proconsul exilé, à l'homme pusillanime qui laissa condamner Jésus-Christ. De Vienne, il n'y avait pour nous qu'un pas à la ravissante plaine du Grésivaudan, terminée brusquement par l'immense rocher qui semble abriter la ville de Grenoble. Le mont Blanc vint bientôt nous éblouir par la teinte rose et blanche qu'il lançait de ses glaciers éternels.

Selon les jeux de la lumière, la neige transparente prend toutes les couleurs du prisme. Du flanc des glaciers dont on aperçoit alors la coupe transversale, on peut admirer à l'aise ces teintes d'une beauté surprenante, en dehors des colorations habituelles de la nature, et s'appliquant aux formes bizarres de cristallisations désordonnées.

On se remit en route, non sans avoir cueilli quelques touffes de renoncules, du rose le plus vif, écloses dans la liberté et la solitude de la montagne, au souffle de l'air le plus pur. On redescendit par le même chemin, plus vite qu'on n'était monté. Les chevaux marchaient allègrement. On traversa la forêt de Baniser, trouée çà et là par les torrents pierreux, et nous arrivâmes à la source du Riotet, qui sort en bouillonnant d'une espèce de souterrain. On plonge de l'œil sous une espèce d'arcade irrégulière, entourée de décombres ; il serait imprudent de trop s'en approcher. Un séminariste de Maclas, nommé Abraham, a payé de sa vie, en 1815, cette audace inutile, des blocs tombés de la voûte l'ayant écrasé. Il avait pour seul compagnon de voyage M. Dufêtre, mort évêque de Nevers, qui ne m'a jamais parlé de ce triste événement que les larmes aux yeux.

C'est, du reste, un site sauvage et grandiose. Les blanches dentelures de la montagne se détachent sur le vert sombre des forêts du Coin, du Châtaigneray, du Tracol et de Taillard. Nous y avons trouvé d'énormes agglomérations de rochers, connues sous le nom de *chirats*. Le premier plan est formé par un prodigieux fouillis de grosses pierres. Le Riotet coule à travers ce chaos, et, après plusieurs heures d'un cours sinueux et tapageur, il nous permettra de nous abreuver de ses eaux limpides. Elles n'avaient pas encore, à cette époque, été rendues insalubres par les nombreuses fabriques élevées sur ses bords.

Ce n'est pas le tout de monter, il faut encore descendre, et nous nous sentîmes envahis par une certaine mélancolie; je n'avais plus vingt ans, et se remettre en selle eût été une imprudence. Force nous fut de revenir à pied, la bride de nos chevaux à la main. Nous voilà, cheminant à travers les innombrables détours d'un sentier hérissé de pierres plus ou moins anguleuses. En peu de temps, nous atteignîmes la chapelle de Saint-Sabin, où vous demandâtes, en bon chrétien, comme vous l'avez toujours été, à réciter avec nous une partie de l'office du jour. Saint-Sabin est un pèlerinage très-fréquenté. Près de cette chapelle, nous découvrîmes la source de la petite rivière qui, après avoir donné le mouvement à plusieurs fabriques de soie à Maclas, et rampé autour du manoir des comtes Mayol de Lupé, entre dans la gorge au-dessus de laquelle on aperçoit, à une hauteur considérable, les ruines du château et de l'église primitive de Malleval. Je me rappelais avec un grand charme les courses que j'y avais faites si souvent. C'est du point de vue le plus élevé et à califourchon sur un énorme rocher que nous contemplions, dans nos jeunes années, la vaste plaine tourmentée par les nombreuses sinuosités du Rhône, qui méditait déjà le changement complet de son lit. J'ai vu peu de vallées accidentées par d'aussi subites dépressions. Le sol pierreux, à peine voilé çà et là par des vignes et des bouquets de noyers, donne au paysage, par sa couleur grisâtre, un aspect triste et sévère.

Le rempart du vieux château des sires de Malleval, bordé des deux côtés d'une rampe solide, permet de s'avancer jusqu'à l'extrême bord du précipice. De là, on plonge sans obstacle dans l'énorme déchirure au fond de laquelle coule la Serpentine, et l'on saisit tous les détails du site le plus étrange. Un roc gigantesque se dresse en face, comme un formidable rempart; l'étroite vallée qui verdoie à sa base, et la longue rue du village de Saint-Pierre de Bœuf, avec son moderne et élégant clocher, se découpent sur une ceinture de jardins et de vergers; c'est un contraste frappant avec la masse imposante des vieilles ruines, qui, groupées sur une saillie du roc, forment un tableau d'autant plus saisissant, qu'on ne peut le contempler sans frémir. Je n'avais été frappé d'un pareil spectacle que dans les gorges de Saint-Rambert en Bugez, sur les bords de l'Albarine, et sur le sommet du fameux sanctuaire de Roc-Amadour, en Quercy.

Et cependant Malleval n'est plus que l'ombre de lui-même : le sac des huguenots, sous le baron des Adrets, l'abandon, la pauvreté, ont détruit et mutilé les monuments qui firent sa gloire, l'ont dépouillé de ses antiques richesses.

Tous ces souvenirs de notre enfance devinrent le sujet d'une longue et intéressante conversation; nous rappelâmes, mon cher ami, les trois jours que nous avions passés au château de Volan, en 1833, avec votre respectable père, les Pleyné, les Julien de Virieux, les du Peloux de Grangeneuve, et autres notabilités du pays. Volan, le dernier manoir des sires de Malleval, était devenu l'héritage des Carre la Nordet. J'ai connu dans mon enfance les sept héritiers de ce nom. Quatre d'entre eux avaient été gardes du corps sous Louis XV et Louis XVI; les trois autres ont servi l'Église avec un grand zèle : l'un comme prébendier de la collégiale de Saint-Paul de Lyon; le second fut chanoine de Villefranche; le plus jeune, curé de Condrieu. Les militaires ne s'étant pas mariés, la famille de Sablon hérita du vignoble renommé et du pittoresque manoir dont nous apercevions tout à l'heure le sommet.

Je veux vous rappeler à cette occasion, et je crois vous faire plaisir, que la maison des Carre de Volan avait eu des alliances avec de grands personnages de la cour de Clément V à Avignon, et entre autres avec les familles Bertrand et du Colombier d'Annonay, qui donnèrent deux cardinaux à l'Église. Je vous ai dit un mot du premier devant les ruines du château de Montchal; il était allié aux Choumouroux, aux Lestrange, aux Vérac et aux Charbonnel; j'ai trouvé son portrait dans la famille des Seguin, d'Annonay; c'est au second, connu sous le nom de cardinal du Colombier, évêque d'Arras, qu'est due la fondation de l'abbaye des Célestins que nous avons visitée plusieurs fois. Ce prince de l'Église avait été, ainsi que son oncle, un intrépide défenseur des droits du Saint-Siége, le ministre le plus dévoué des Papes et des Rois sous le règne desquels il vécut. Il est mort doyen du Sacré-Collége, en 1361, plein de mérites et de jours. Pierre Bertrand l'avait précédé dans la tombe en 1349. Quand donc nos voisins des bords de la Diaume et de la Cance payeront-ils, par l'érection d'un monument, un tribut de souvenir aux plus insignes de leurs bienfaiteurs. (Je les félicite d'avoir fait quelque chose pour Boissy d'Anglas.) L'hôpital d'Annonay, fondé par les deux cardinaux, ou mieux encore, comme l'a indiqué M. Soix, le digne archiprêtre de Notre-Dame, la place des Messieurs, serait un lieu convenable pour cet acte de réparation et de reconnaissance.

Il fallut, mon cher Vicomte, se remettre en route, pleins des souvenirs que nous venions d'évoquer. Les chemins devenus meilleurs, chacun reprit sa monture. On franchit, comme l'avant-veille, le petit bois d'aunes, de bouleaux et de frênes, et on fit un instant de halte à Colombier, sur une prairie qui nous semblait aussi unie que le velours. Au bout d'une heure, dans le même ordre que le matin, nous étions de retour au point du départ, très-satisfaits de notre voyage. Le reste de la soirée fut occupé par une de ces conversations où d'aimables saillies se font jour à travers les réflexions les plus graves;

n'était-ce pas une réalisation de la pensée du roi-prophète, quand il s'écriait : « Ecce quàm bonum et quàm jucundum habitare fratres in unum ! »

Agréez, mon cher Vicomte et excellent Ami, pour vous et pour tous les vôtres, la nouvelle assurance de mes meilleurs sentiments.

† FERDINAND, Cardinal DONNET,
Archevêque de Bordeaux.

www.ingramcontent.com/pod-product-compliance
Lightning Source LLC
Chambersburg PA
CBHW060620050426
42451CB00012B/2342